Hypnose et Hypnosophie

Christophe Pank

«Les mots entraînent des croyances qui nous limitent, seulement nous n'avons pas encore trouvé comment faire sans»

Sommaire

Sommaire 7

Introduction 9

Chapitre 1 : Les définitions de l'hypnose..........................11

Chapitre 2 : Ce que vous connaissez déjà de l'hypnose 15

Chapitre 3 : Les cadres 21

Chapitre 4 : Les Transes Ouvertes et Fermées 29

Chapitre 5: Les Transes Exploitables 33

Chapitre 6: Les Transes Conscientes et Subconscientes 37

Chapitre 6 : Revenons au facteur critique 43

Chapitre 7 : La posture du praticien 47

Conclusion...51

Annexe 53

Du même Auteur Chez HnO Edition................................57

Introduction

L'hypnose est un monde aux multiples facettes. Il y a certes de nombreux courants mais le plus extraordinaire concerne les possibles que cette discipline offre. J'avoue que j'aime peu le nom d'Hypnose. En effet, ce mot prend **trop de sens différents** aussi bien pour les néophytes que pour les professionnels de cette discipline.

Prenons un instant pour mettre au clair quelques idées que nous mettons sur le mot hypnose.

1- L'hypnose peut être un état, celui qui pourrait être lié à ce que nous pourrions nommer **Transe.**

2- L'hypnose est **une discipline de scène** qui a pour but de divertir les spectateurs.

3- L'hypnose est une **méthode de manipulation mentale** pour obtenir plus facilement ce que l'on souhaite.

4- L'hypnose est un **système thérapeutique** pour gérer des problèmes physiques et psychiques.

5- L'hypnose est une **technique complémentaire à la magie** et au mentalisme.

Il y a donc de nombreuses perceptions très différentes. Nous pouvons encore compliquer les choses en parlant de trois formes d'hypnoses.

1- **L'hypnose directive :** celle qui est utilisée dans le cadre de la scène pour diriger les sujets qui souhaitent jouer le jeu. Cette forme est plus proche de **l'ordre** que des suggestions.

2- **L'hypnose indirecte :** celle qui est utilisée dans le cadre des négociations, des thérapies 'conversationnelles'. Elle est considérée comme permissive.

3- **L'hypnose directe :** celle qui est utilisée dans le cadre de la thérapie et de l'hypnosophie, ainsi que dans l'hypnose de rue.

Nous pouvons donc constater qu'il y a de nombreux aspects à prendre en compte. Je vous propose dans cet ouvrage de redéfinir l'hypnose, d'ouvrir quelques pistes, quelques réflexions.

En effet, sur le chemin que je parcours dans cette discipline, je constate que très souvent nous avons **mis en place des axiomes.**

Ces axiomes sont immuables, il est difficile de changer les idées, les définitions, les concepts.

En parcourant la littérature du 19e et du début du 20e siècle sur l'hypnose, j'ai constaté que nous avions des définitions et des expériences **bien différentes** de ce que nous pouvons lire sur des réflexions des 50 dernières années.

Il y a eu **une phase d'évolution,** puis nous laissons actuellement le relais aux neurosciences, desquelles nous attendons les réponses, nous sommes en train de laisser la psyché à des capteurs...

Je vous proposerai différentes réflexions dans les pages qui vont suivre, cette hypnose devenant pour moi, **l'hypnosophie,** une méthode utilisant la transe pour retrouver la sagesse et l'harmonie intérieure lors d'une thérapie.

Chapitre 1 : Les définitions de l'hypnose.

Il y a de nombreuses définitions de l'hypnose, je vais m'axer sur certaines d'entre elles

L'hypnose est un état modifié de conscience.

Il y a un débat intéressant qui ne trouvera certainement jamais de réponse dès le départ avec cette définition.
Est-ce que l'hypnose est un état ou pas ? Il y a des forums entiers qui en débattent avec des années de non-réponses. Ce qui est intéressant c'est d'estimer que **c'est un état modifié,** ce qui sous-entend que nous avons un état 'normal' de conscience.
Admettons cette définition, cela pourrait se traduire par : **l'hypnose est un état qui passe de la conscience vers une 'inconscience'.** Je ne suis pas un utilisateur de la sémantique d'inconscient, mais plutôt de subconscient. Je reviendrai sur cette notion ultérieurement.
Au travers de cette direction que pourrait prendre la définition, nous allons donc traduire que **le sujet de l'expérience hypnotique va être dans un état d'inconscience**
Cette idée d'être dans 'l'inconscience' revêt, dans le vocabulaire français, des idées diverses comme :
- le partenaire est complètement inanimé
- le partenaire dort
- le partenaire est sous l'influence d'un opérateur
Que pensera alors une personne qui débarque dans ce monde, qui découvre l'hypnose, avec toutes les croyances que la télévision et les films lui ont mis en tête ?
De nombreux praticiens d'ailleurs répètent cette définition parce que **c'est une définition officielle**. Pour ma part je la trouve un peu obscure, **elle ne donne pas d'idée de ce qu'est l'hypnose** et en plus ce lexique laisse beaucoup de doutes quant à 'l'état' dans lequel nous allons nous retrouver.
Il y a d'ailleurs une chose intéressante, j'ai rencontré de nombreux praticiens en hypnose qui **n'étaient jamais certain d'avoir été en 'hypnose'.**

En effet, si nous suivons la définition, **nous n'avons aucune jauge** pour savoir si notre état est modifié et potentiellement que nous sommes avec notre 'inconscient'.

Il y a une autre définition de tendance plus Elmanienne qui indique que l'hypnose permet **un lien entre le conscient et le subconscient.**

Ce lien est possible par le **contournement du facteur critique.**

J'utilise souvent cette définition, je vais donc vous définir les différents termes utilisés *dans la logique Elmanienne*. Je reviendrai dans cet ouvrage sur des réflexions et des ouvertures possibles que nous pourrions faire.

Le Conscient : c'est l'ensemble des mémoires à court terme, toutes les logiques et facettes analytiques de notre être.

Le Subconscient : C'est l'ensemble des mémoires à long terme, le siège des émotions et le régulateur de l'homéostasie.

Jerry Kein ne parle pas d'homéostasie, il explique que notre côté fainéant est dans le subconscient.

Après certaines recherches, c'est l'aspect de notre personnalité **qui ne change pas facilement,** non par fainéantise mais plutôt **par maintien d'un équilibre** de la psyché. Un changement pourrait ouvrir à trop de déséquilibre.

A mes yeux dans le subconscient cette partie est celle qui permet, même dans les périodes difficiles, de ne pas partir complètement dans un mal être sans retour ou incontrôlable, ce que nous trouverons sur les personnes qui font des psychoses.

L'inconscient : C'est l'ensemble des processus de survie biologique de notre être. Il gère notre température, notre pression sanguine…

Le Facteur Critique (FC) : Pour la théorie Elmanienne, c'est une barrière qui bloque l'information entre le conscient et le subconscient, qui empêche la communication juste entre les deux parties de la psyché.

Sur la définition du Facteur Critique, aujourd'hui je ne suis plus tout à fait d'accord avec cette façon de voir.

En effet si l'unique utilité pourrait être de bloquer des informations du conscient vers le subconscient dans un but de protection, certes, mais sa fonction semble être très limitée.

Après avoir étudié la vision de John Kappa, j'en suis aujourd'hui à l'idée que le facteur critique n'est pas une simple barrière mais **plutôt un sas.**

Ce sas permet de **filtrer les informations** pour éviter que ces dernières **ne deviennent des suggestions,** c'est-à-dire des 'vérités potentiellement acceptables'.

Dans cette dynamique, les informations écoutées, voire entendues par le conscient, (c'est-à-dire sans réelle attention de suivre ce qui est dit) vont, pendant une période plus ou moins longue, **être stockées.**

Cette étape est protectrice et fonctionne avec certaines règles que je pourrais définir aujourd'hui au nombre de trois.

1- Dans le Facteur Critique, l'information entendue est nouvelle, voire dissonante, par rapport à des informations stockées dans le subconscient, **donc non validable**.

A ce moment-là, le facteur critique peut **renvoyer dans le Conscient** pour qu'il puisse davantage analyser et chercher les informations manquantes. C'est très souvent à ces moments-là que nous souhaitons poser une question et que nous souhaitons nous documenter davantage.

1er Règle : Renvoi vers le Conscient.

2- L'information émise semble **déjà avoir été entendue**, ou en tout cas, dans les fichiers mémoires stockés, semblent faire apparaître un élément proche donc, il va pouvoir passer le sas.

Il y a **un besoin de ressemblance** et surtout pas d'opposition. En effet, si l'information est opposée, le Facteur Critique va renvoyer directement vers le conscient qui va argumenter et offrir une logique opposée, une 'résistance', à cette information.

C'est pour cette raison qu'il est si difficile de **proposer une nouvelle croyance** à une personne qui a déjà sa croyance sur un sujet

En effet, le Facteur Critique va continuellement vouloir valider que les arguments peuvent être 'acceptables' et le subconscient les stopper en renvoyant un message du type : ' **cette idée est invalide parce que notre espace de stockage ne peut l'accepter'.**

Par contre si la croyance est validée par l'argument de l'interlocuteur, le Facteur Critique s'ouvre et l'envoie vers l'espace de stockage dédié.

2e Règle : Valide et nourrit l'information déjà connue et admise.

3- La troisième fonction est très intéressante parce que nous ne nous rendons par nécessairement compte que c'est peut être ce qu'il y a de plus important dans le développement de notre être au quotidien.

Le **sas va stocker l'information** sans la projeter vers le conscient ni vers le subconscient. En effet c'est comme s'il y avait **un temps de maturation.** C'est souvent le cas pour les périodes d'apprentissage.

Ce sont ces moments où l'on a l'impression que **'rien ne rentre'.** En effet, momentanément rien ne rentre, soit parce que **la zone de stockage doit être construite,** soit parce qu'il y a encore trop de choses qui ne semblent pas 'acceptables'.

Il y a un moment où **ce filtre va se vider,** ou en tout cas, va commencer à se faire trier. Selon Kappa, et mes observations valident de plus en plus son idée, le sommeil est cette période de tri.

C'est sûrement pour cette raison que depuis longtemps nous expliquons aux étudiants **de relire leurs leçons le soir avant de dormir** et de bien dormir plutôt que d'étudier toute la nuit.

En effet, si on ne dort pas, il n'y a pas de tri de ces nouvelles informations, donc **on sature**, et la saturation est une transe, ce qui explique que nous soyons plutôt embrouillés dans nos idées dans ce cas.

La nuit donc, certaines informations vont se diriger vers le subconscient, d'autres vers le conscient, je ne pense pas qu'il se vide complètement.

Pour preuve lorsque nous enchaînons une semaine de formation avec de très nombreux nouveaux concepts, dans ce cas, nous sentons d'un jour à l'autre que la **saturation d'informations se fait beaucoup plus rapidement.**

3e Règle : Toute nouvelle connexion demande un temps de maturation

Vous pouvez donc constater que la définition Elmanienne offre un peu plus de points de réflexion mais, soyons sincère, que ce soit un état modifié de conscience ou une communication consciente / subconscient, hormis pour des personnes qui pratiquent beaucoup **cette notion est complètement abstraite.**

Chapitre 2 : Ce que vous connaissez déjà de l'hypnose

Je pense que ce chapitre ne sera pas le plus passionnant pour les hypnotistes, mais je trouve intéressant de rappeler quelques points pour les néophytes.

Pour répondre à une question qui est très souvent posée, **tout le monde peut entrer en Hypnose.**

Pour que je puisse me sentir plus libre dans tout le livre, je vais utiliser le mot transe. **La transe est l'état de communication** qu'il y a entre le conscient et le subconscient. **Les transes peuvent être variées** et ne sont pas seulement des transes hypnotiques. Je reviendrai plus en détail sur ce sujet dans la suite du livre. Prenez simplement en compte que la transe représente un état de communication intérieure.

Toute personne sur terre entre dans des transes. Et cela depuis que nous sommes nés. **Les transes sont des phénomènes naturels** que nous vivons de nombreuses fois dans nos journées.

Prenons par exemple **les yeux dans le vague** lors d'une discussion ou simplement lorsque vous fixez un point sans raison. Je ne connais personne à qui ça n'arrive pas à plusieurs reprises dans son quotidien.

Cette simple absence est une transe. Très souvent nous **ne prêtons pas attention au message que le subconscient** nous propose. En revanche, lorsque c'est au cours d'une conversation, ce sont des moments où nous pensons au temps qu'il nous faudra pour rentrer, ou à ce que nous aimerions manger, ou à regarder la personne qui passe derrière.

Quand nous donnons ce type d'exemples, il y a deux réactions possibles :

1- Les personnes qui ont besoin **d'être rassurées,** de garder le contrôle, qui sont en général très contentes de se rendre compte que ce n'est que cela et qu'elles connaissent parfaitement ces situations.

2- Les personnes qui se disent **tristement que ce n'est que ça.** Que ce n'est pas possible parce que les vidéos d'hypnose de scène montrent d'autres choses.

Ces réactions sont logiques. En effet, les yeux dans le vague ne sont qu'un degré premier dans les différents niveaux de transes qui existent.

Il y a donc d'autres **phénomènes naturels** qui sont également des transes.

Par exemple la pinte de bière que vous arrivez à tenir en l'air pendant de longues minutes quand vous discutez avec des amis dans un bar.

Pour avoir plusieurs fois fait sortir de cette transe des amis, je peux vous confirmer que dès qu'on leur fait remarquer que la pinte qu'ils portent depuis 5 minutes sans s'en rendre compte est 'lourde', dans la minute qui suit, ils changent de main ou pose le verre.

Continuons à voir ce qui nous arrive tellement souvent et qui est considéré comme une transe. **Le phénomène de l'oubli** est très courant. Souvenez-vous le nombre de fois où vous aviez le mot ou **le nom sur le bout de la langue** et dont vous ne parvenez pas à le retrouver. C'est une transe plus ou moins longue.

Très souvent, sur cet exemple, mes interlocuteurs sont étonnés, parce qu'ils ont **la croyance que la transe provient d'une personne extérieure**. Ces oublis sont étonnants parce qu'ils n'ont pas l'impression d'être ailleurs. Et c'est vrai nous ne sommes pas nécessairement ailleurs.

Les transes se vivent **les yeux ouverts ou fermés**, il est important de le comprendre pour se rendre compte que dès lors, il ne faut nécessairement attendre des phénomènes physiques ou psychiques marquants.

Cela nous donne bien l'idée qu'**une transe peut être furtive**, vous comprendrez un peu plus loin dans l'ouvrage que la transe peut répondre à **plusieurs critères**.

Les transes peuvent être :
1- Ouvertes ou Fermées
2- Spontanées ou Proposées
3- Conscientes ou Subconscientes
4- Exploitables ou non Exploitables

Je reviendrai sur tous ces points dans les pages qui suivent. Ces réflexions sont très personnelles et liées à ma pratique.

Gardez simplement en tête que **vos transes quotidiennes peuvent être diverses et variables** et qu'à mesure que vous allez prendre conscience de vos transes, vous allez vous étonner, voire vous interroger, pour savoir si réellement nous sommes si 'conscients' que cela dans notre quotidien.

Continuons sur les exemples communs des transes que nous vivons et que très certainement vous n'auriez jamais nommées ainsi avant de lire ces lignes.

Cet exemple est plutôt féminin. Mesdemoiselles et Mesdames, imaginez que vous venez de vous acheter une merveilleuse paire de chaussures que vous reluquiez en vitrine depuis des semaines.

Une soirée de fête se profile et vous offre l'occasion de pouvoir mettre enfin cette précieuse acquisition. Pourtant au bout de quelques minutes... une douleur apparaît.

D'ordinaire, l'esprit va se focaliser sur cette douleur et va rendre difficile, voire impossible, la marche avec ces souliers. Pourtant ce soir-là, la fête bat son plein et vous dansez toute la soirée. Vous oubliez complètement les douleurs.

Au petit matin, la soirée s'arrêtant, votre transe liée à la fête se terminant, vous commencez à ressentir les douleurs de ces chaussures, et parfois même vous constatez que vous avez des ampoules.

Pendant tout le temps où vous étiez en soirée, vous avez utilisé une capacité propre à tous les êtres humains, s'analgésier, peut-être même vous êtes-vous anesthésié.

La douleur a disparu complètement ou à minima a diminué le temps d'une soirée.

Cette capacité que chacun a en lui est exploitée lors des Hypno-Anesthésies et des Hypno-Sédations. Ces deux pratiques sont de plus en plus mises en avant par la Médecine qui commence à réintégrer ces outils dans certains hôpitaux.

Je précise bien que c'est un retour de l'hypnose dans le monde médical. Initialement les premiers pratiquants de l'Hypnose Moderne (Période du 18ème Siècle) étaient des médecins.

Le nom même de « Hypnose » provient d'un médecin britannique, du nom de **James Braid.** Il a eu de grandes difficultés à l'époque pour faire accepter sa pratique dans les cercles médicaux, mais il y est parvenu.

Aujourd'hui, de plus en plus d'aide soignants, d'infirmiers et de médecins étudient ces méthodes pour proposer une **alternative aux anesthésies** uniquement faites à base de produits.

Il n'y a donc ici **aucune magie** et c'est grâce à la capacité du patient à retrouver cette transe, si souvent vécue, que le corps peut se souvenir de l'anesthésie. Vous pouvez même constater qu'un enfant, qui chute un nombre incroyable de fois, n'a que très rarement des plaintes sur ses 'bobos'.

Savez-vous pourquoi ? Simplement parce que les enfants **sont dans des transes**, c'est-à-dire sans facteur critique, jusqu'à l'âge de 6 ans. Ils répondent davantage aux stimuli émotionnels des parents ou adultes (la peur) qui les entoure qu'aux stimuli de situation (la chute).

La dernière situation qui fait fréquemment sourire les gens, c'est **le niveau des hallucinations.** Nous en vivons souvent, d'ailleurs quand je fais des conférences, j'ai toujours des personnes qui se reconnaissent dans les exemples d'hallucinations

Il faut savoir que dans les transes nous reconnaissons deux types d'hallucinations :

1- Hallucination Positive qui nous permet de percevoir une chose qui n'existe pas.

2- Hallucination Négative qui nous permet de ne pas percevoir ce qui existe.

J'utilise le mot percevoir parce que chacun à sa prédisposition de perception. Il y aura plusieurs façons de ressentir les choses :

a- Avec la Vue
b- Avec L'Ouïe
c- Avec le Corps
d- Avec le Goût
e- Avec l'Odorat

C'est pour cette raison qu'il est rare que l'hallucination soit collective même si cela arrive si nous sommes 'conditionnés' à cela.

Imaginez que vous cherchiez vos clefs de voiture que vous aviez pourtant posées sur le meuble habituel. En général, ce type d'**hallucination négative** nous arrive lorsque nous sommes **stressés** et que nous souhaitons partir rapidement.

Pendant quelques minutes nous cherchons et plus nous cherchons, plus nous nous tendons et plus nous entrons dans **une transe de stress**. Le dialogue intérieur devient un **monologue du conscient** qui propose **des suggestions très négatives** à notre subconscient. Par exemple :

- Je suis fou je ne les retrouve plus
- Impossible de mettre la main dessus
- Qui les a enlevées de leur place habituelle

Toutes ses phrases **nourrissent notre transe**, c'est-à-dire **approfondissent** l'état de transe de stress qui donne dans ce cas les hallucinations négatives.

Parfois, c'est en passant un instant sur autre chose que nous les retrouvons... là où elles étaient posées depuis le départ, ou bien une autre personne nous les montre et nous sommes étonnés de ne pas avoir pu les 'trouver'.

Je pense qu'il est intéressant de souligner cette notion avec la transe de Stress. Nous en vivons au quotidien, pour la plupart il n'y a qu'un **phénomène émotionnel**, pour d'autres un **phénomène plus physique**. Il est intéressant de se rendre compte des discours, dans des phases de stress importantes, qui nous expliquent qu'ils sont comme dans **un tunnel.**

Il y a une sorte de **'couloir' de stress** qui empêche de voir, d'entendre, de percevoir les informations.

Nous pouvons le remarquer dans le cadre des accidents ou des pressions importantes comme un examen. Il y a comme un blocage de tout ce qui nous entoure et nous ne sommes que dans **une perception morcelée** de ce qui est en train de se passer.

Pour en finir avec ces choses tellement communes que l'on nomme transes, il y a l'hallucination qui nous donne l'impression qu'une personne nous a parlé, alors qu'il n'y a personne, ou être persuadé que l'on nous a dit quelque chose alors que notre interlocuteur nous a exprimé autre chose.

Si vous prenez bien en compte que vous avez vécu cela, vous pouvez comprendre que **vous pouvez entrer dans des transes** et donc potentiellement vivre une séance d'hypnose.

Il va y avoir **un cadre** qui, en fonction du moment ou des circonstances, vous ouvrira plus ou moins à l'opérateur qui vous proposera de mener la session.

Chapitre 3 : Les cadres

Comme je vous le proposais dans les chapitres précédents, il faut prendre en compte le fait que nous partons dans des transes, mais les **situations** dans lesquelles nous les vivons ont leur importance. En effet, sur une transe du quotidien il y a de fortes chances que **nous ne soyons pas ouverts** à une thérapie ou à une transe de scène, qui a pour but de divertir ou de vivre une thérapie. Cela sous entend que bien sur nous sommes en transe, mais l'exploitation de cette dernière va être plus ou moins possible vis-à-vis des objectifs qui ont été fixés.

Reprenons les cadres classiques que nous pouvons trouver :

I - Le cadre de la scène : L'hypnose de spectacle est une vitrine de notre discipline. Il est vrai que pour de nombreuses personnes, cette facette de l'hypnose est l'unique image qu'ils gardent en tête. Il y a quelques éléments à prendre en compte quand à cette démonstration du pouvoir de la transe dans un contexte ludique et divertissant.

A aucun moment, **l'hypnotiste a le pouvoir sur le 'sujet'**. Il peut y avoir de nombreux discours fait par ces hommes et femmes de la scène indiquant qu'ils vont contrôler l'esprit d'autrui.

Cela est faux même si les apparences pourraient montrer le contraire.

En effet, il y a **un accord tacite** qui est fait entre l'homme de spectacle et le participant, qui fonctionne sur **une acceptation non dite.**

Lorsqu'une personne participe à un spectacle elle peut avoir plusieurs motivations :

1- Se divertir
2- Voir ce que c'est
3- Vouloir vivre une expérience
4- Vouloir montrer que ça ne fonctionne pas

Il y a une dynamique initiale qui est **l'achat du ticket** de spectacle. Le prix peut varier de quelques euros à plusieurs dizaines d'euros.

Cette démarche d'achat devient impliquant et pour la personne qui souhaite vivre une expérience hypnotique, elle entre dans un levier de persuasion (Lire Cialdini à ce sujet) nommé **Cohérence.**

La cohérence est le principe qui sous-entend que si vous investissez de l'argent avec une motivation spécifique, il y a de fortes chances que votre investissement vous plaira, ou en tout cas que vous vous y impliquerez au maximum pour le **rentabiliser.**

Dans notre cadre de l'hypnose de scène, vous avez pris un ticket pour monter sur scène et tester, vous allez donc faire au mieux pour vous mettre dans un **état réceptif.**

Ensuite vous allez répondre aux premières suggestions pendant la **phase de pré-tests**. Cette étape a pour but de mettre les participants dans **une transe dirigée** par l'opérateur du spectacle. Cela reste ludique et va 'nettoyer' le nombre de personnes montant sur scène.

A partir de ce moment-là, le sujet de l'expérience a **ouvert sa transe** à vivre un moment de fun qui peut le mener sur scène. Sa transe est ce que je nomme une transe **ouverte et exploitable** dans ce cadre précis.

L'action d'aller sur scène pour vivre une aventure devant plusieurs dizaines, voire centaines, de personnes **double le levier de cohérence**. En effet, le spectateur **s'engage dans un choix** qui sous-entend qu'il va faire ce que va lui proposer l'hypnotiste et qu'il va le faire sur la scène aux yeux de tous, qu'importe les retours possibles. Cette démarche subconsciente est validée et offre donc la possibilité de vivre pleinement et sans tabou **sa transe de jeu, de comédie** pourrait-on dire.

Quand j'écris ces mots, je ne dis pas que le partenaire joue la comédie, mais il va suivre les suggestions comme un acteur suivrait les indications de son metteur en scène, le corrigeant dans le rôle qu'il jouerait.

Sur scène, **l'induction est un peu l'accord, la signature du contrat** qui a été mis en place entre l'animateur et le spectateur. C'est d'ailleurs à ce moment-là que l'on voit la personne s'écrouler et suivre tout ce qui va être dit pour la suite du spectacle.

La transe est donc pleinement ouverte à toutes les suggestions de l'opérateur. Il n'y a plus qu'une seule orientation de l'esprit. Vous vous rendez compte alors que cela a été possible parce que le sujet s'est permis de vivre tout cela.

II- Le Cadre de la Rue : Quand je parle de rue, je parle d'hypnose de rue, cette hypnose que je nomme sociale. L'objectif est d'aller à la rencontre des badauds **pour échanger et faire découvrir cette discipline.**

Un des éléments spécifiques par rapport à la scène, c'est que **la démarche est passive** pour les personnes qui pourraient vivre l'expérience. En effet, le Street Hypnose est une ouverture pour aller à la rencontre des gens. Sans artifice, sans panneau, **juste à la croisée des regards.**

Vous comprenez donc bien que si nous entrons en contact avec un groupe, il y a de fortes chances qu'il soit déjà dans une transe, dans une discussion ou des jeux.

Leur transe de conversation n'est, dans un premier temps, absolument pas ouverte à l'extérieur. C'est ce que je nomme une **transe ouverte au groupe mais inexploitable par un tiers**. Pour moi qui passe discuter avec eux, leur transe est complètement fermée dans un premier temps.

Cette **hypnose sociale** va donc consister à proposer une découverte. Celle d'une **transe de confort ou de jeu.** Cela passe par un moment d'échanges qui parfois ne mènera à rien d'autre que des sourires, des bons moments.

Et à d'autres moments, ces inconnus acceptent de s'essayer à leur potentiel.

On retrouvera plusieurs comportements possibles :

1- Comportement de défi : Montrer que l'hypnose ne marche pas c'est une transe fermée inexploitable.

2- Comportement de scepticisme : Il y a un grand doute et une envie de comprendre, observer, c'est une **transe fermée exploitable**

3- Comportement de jeu : Le plus souvent dans des groupes, pour faire rire les autres, on passe d'une **transe ouverte inexploitable**, c'est-à-dire que le partenaire est plus dans l'écoute du groupe que de l'opérateur, à une transe ouverte exploitable quand nous orientons bien les choses.

4- Comportement de découverte : Une réelle envie de vivre quelque chose. En général, la **transe est ouverte et exploitable**. Par contre, l'attente excessive d'un résultat peut rendre la transe inexploitable.

Je reviendrai, dans les chapitres suivants, sur ces différents aspects. Cependant vous observez que le partenaire qui accepte de faire des jeux, donne son accord et s'ouvre potentiellement à vivre sa transe guidée par un opérateur qui fera en sorte que le voyage soit le plus agréable possible.

III- Cadre du cabinet de consultation :

Nous sommes dans le cadre de la thérapie, c'est-à-dire de l'utilisation de la **Transe dans une dynamique de mieux être.** Cette démarche peut prendre deux formes actuellement dans l'univers de l'hypnose.

1- L'hypnose Symptomatique : C'est la forme que l'on vend et vante le plus aujourd'hui. Dans cette démarche vous allez découvrir de nombreux slogans comme :

- Arrêter de fumer en une séance
- Perdre du poids avec un anneau Gastrique hypnotique
- Enlever vos phobies en 30 minutes
- Vous anesthésier

C'est l'hypnose qui attire les clients. C'est le **côté miraculeux** de cette discipline, le côté de la magie de scène dans un cabinet. Que les personnes aient pris de l'information ou pas, l'hypnose reste un peu '**ésotérique**'.

Cette façon de vendre et d'exploiter l'outil hypnotique a de nombreuses qualités. En effet, il arrive une grande partie du temps que les **symptômes disparaissent très rapidement**., qu'en une à cinq séances, il y ait des retours effectifs et des changements quant au vécu des clients.

Cependant, le partenaire vient à une session avec **une idée bien précise** de ce qu'il attend, ou plutôt de ce qu'il attend du praticien. Sa transe qui devrait **être ouverte et potentiellement exploitable** dans la dynamique thérapeutique est parasitée, d'une part par les croyances et d'autre part par l'**attente excessive.**

Il est vrai que certaines fois c'est **un effet levier important** quant à la réussite de sessions. En effet, cette attente de la pilule magique, prouvée et reconnue, devient donc **LA clef rapide et efficace de la problématique**. Dans ces cas la transe est vraiment ouverte, mais ce n'est pas toujours le cas.

En effet, le partenaire peut **saboter** l'excellent travail du praticien, si la séance **ne répond pas** à l'idée fantasmatique de l'hypnose.

Et il peut arriver dès lors que la transe ouverte au départ se ferme complètement et que les seules suggestions que le client acceptera, seront les siennes, certainement négatives.

Les thérapies brèves ont **un double discours ambigu** à ce sujet. Elles mettent en avant que la médecine allopathique, ne propose qu'un médicament qui ne prend en compte que le symptôme et pas l'intégralité de la personne. Et pourtant, avec la mise en avant de ces systèmes comme étant ultra rapides et efficaces, **elles prônent la même chose.**

2- L'hypnosophie : Cette facette est celle qui prend en compte que le symptôme est une chose mais que si ce symptôme est là, c'est qu'il y a **autre chose à comprendre, à travailler et à rechercher.**

Prenons un exemple : Vous vous coupez assez profondément.

Réponse symptomatique : mettre du désinfectant et un pansement.

Deux effets possibles :

- La coupure se résorbe et il ne reste qu'une cicatrice.

- La coupure s'infecte mais comme nous avons laissé le pansement, nous n'allons pas faire plus attention que cela à la plaie. Sauf que, même avec le désinfectant, la plaie s'infecte, de plus en plus mais tout doucement. Le moment où le pansement va tomber, il y aura à gérer toute **la problématique de fond que le pansement n'aura fait que masquer.**

Dans l'hypnosophie nous sommes dans la **recherche** et pas seulement sur du travail symptomatique. Il est d'ailleurs assez étonnant de voir des clients qui poussent les portes du cabinet avec une question en bouche, 'je viens vous voir parce que je voudrais savoir '**Pourquoi**' je vis ça ?'

Il y a, avec l'émergence des thérapies brèves, **une croyance** que tout ce qui est lié à **l'analytique est néfaste**. Pour reprendre Bandler, un des fondateurs de la Programmation Neuro Linguistique (PNL), il n'y a pas besoin de savoir pourquoi ça ne va pas, ou ça ne marche pas, mais plutôt **savoir comment ça peut fonctionner.**

J'ai été pleinement d'accord avec lui pendant des années et je reste beaucoup dans cette idée, cependant j'évolue petit à petit.

D'une part, le comment faire pour aller mieux, peut aussi nécessiter de faire prendre conscience de **COMMENT on fonctionne d'un point de vue inconscient** et non pas seulement du comportementalisme primaire.

Le comment devient l'**outil de quête de soi,** beaucoup plus que le mettre en avant un outil qui va refaire démarrer la machine.

D'autre part, le pourquoi, même si petit à petit je commence à l'accepter, je n'en reste pas un fan, je trouve encore que **cela implique une justification de la part du partenaire.** Nous ne sommes pas en train de **juger le processus intérieur** ou le mode de pensée du client, ce n'est pas le rôle du praticien.

Le Pour Quoi, dans le sens **avec et pour quelle motivation,** la personne vit et définit différentes choses. Cette recherche devient un cheminement qui **prend son temps.**

Je ne cesse de le rappeler dans mes ouvrages, les thérapies brèves peuvent durer **de deux à trois ans.**

Limiter l'hypnose à cinq séances est **très restrictif** sur la qualité du système.

Aujourd'hui j'aimerais vraiment que les clients puissent se rendre compte que **cette discipline offre bien plus que mettre des patchs.**

L'analyse et la recherche peuvent se faire, et permettre d'aider et soutenir le partenaire dans son évolution. Parce qu'il est très simple de retirer certains symptômes, il n'est pas dit que **l'intégration du changement se fasse facilement.**

Voilà un élément indispensable qu'il faut prendre en compte : **l'intégration**. Vous pouvez l'observer de nombreuses fois dans votre vie quotidienne. Nous pouvons très bien comprendre et admettre des choses, **nous ne parvenons pas à les faire 'nôtres'.** Il y a comme une distance entre ces éléments et nous-mêmes.

De même, **comment s'intègre une donnée nouvelle** dans notre vie, comment vit-on le fait de ne plus fumer, que faisons-nous, comment pouvons-nous vivre ces moments de 'liberté'. Comment gérer les soirées, les autres, les habitudes. Tout cela fait partie d'une dynamique, et la nature ayant horreur du vide...

Prenons un exemple sur la différence et la complémentarité des systèmes symptomatiques et de recherches.

Un homme décide d'arrêter la cigarette.

Réponse Symptomatique : Il fait une séance 'arrêter de fumer en une séance' chez un super praticien en hypnose.

Il arrête quelques mois, voire quelques années. Puis il s'y remet sans réellement savoir pourquoi, comme une réponse qui se fait automatiquement.

Le patch s'est détaché. Le symptôme revient comme pour signaler quelque chose.

Je vous rappelle un principe assez répandu dans l'hypnose, pour beaucoup le symptôme est une façon dont **le subconscient exprime une information** pour se faire entendre et tenter de se faire comprendre.

Si l'arrêt du tabac avait été travaillé autrement et dans l'histoire citée nous aurions pu apprendre cela.

Le fumeur a commencé à consommer à l'adolescence. Une période où son père fumeur avait une posture et un discours considérés comme particulièrement **injustes par l'enfant.**

Pour contrarier le père injuste, qui bien sûr interdisait la cigarette à son fils, l'adolescent s'est mis à fumer.

Cette satisfaction de contrer l'autorité et l'injustice du père a perduré, mais l'oubli de cette **motivation initiale** s'est transformé en raisonnement classique de fumer pour se déstresser, pour se calmer.

Au travail, le responsable du fumeur, qui d'ailleurs n'a touché aucune cigarette depuis plus de deux ans, commence à faire des remarques plutôt injustifiées, selon le fumeur. Plus les jours passent et plus notre homme commence à se sentir oppressé et il trouve que son manager est vraiment injuste vis-à-vis de lui.

Il se remet quelques temps après à la cigarette. Son subconscient répétant un schéma qu'il a géré pendant des années et dont l'unique réponse était l'acte de fumer.

En réalité, le praticien aurait pu travailler sur **la relation au père et à l'injustice.** Avec une recherche dans **une transe ouverte, dite consciente,** de nombreux éléments auraient pu être compris, recadrés, acceptés et intégrés à la session.

Bien sûr, le nombre de séances **n'aurait pas pu être déterminé** à l'avance. Il aurait fallu un investissement temps et financier plus important. Cependant, en plus de la cigarette, il y a de fortes chances que de **nombreux changements se seraient mis en place.**

Vous observerez que l'hypnosophie est une recherche pour remonter petit à petit à la source, ou à une des sources potentielles d'une problématique, puis de **laisser le temps à l'intégration.**

Les transes des partenaires qui commencent une hypnosophie vont souvent être ouvertes mais rarement exploitables.

Dans un premier temps il y a de fortes chances que cette dynamique, **parfois un peu trop intime,** puisse inciter à se fermer aux praticiens, mais à 's'ouvrir à soi. C'est souvent ce qui se passe dans **les Psychanalyses où les transes sont ouvertes à soi-même**, d'où cette conscientisation des choses.

Avec l'expérience du praticien, il est possible d'entrer dans une transe particulièrement intéressante pour avancer vers un mieux-être.

Chapitre 4 : Les Transes Ouvertes et Fermées

Comme je l'ai déjà introduit dans le chapitre précédent, il y a, dans les transes, **des variables** qui me semblent plus que fondamentales.

En effet, avec le mot hypnose nous nous sommes bien souvent arrêtés au principe de mettre le partenaire dans une transe. Cet **état d'hyper-suggestibilité** permettant d'ordinaire de **proposer des orientations** pour que le partenaire puisse aller de mieux en mieux.

Seulement, nous praticiens, nous nous sommes aperçus qu'il y a des partenaires qui vont facilement obtenir des transformations et d'autres qui vont avoir des difficultés.

Outre le principe que tout le monde est **différent** et que **chacun doit prendre le temps** qu'il lui faut pour avancer et évoluer, il y a d'autres facteurs qui peuvent être mis en lumière.

Prenons le cas d'un client qui vient pour la première fois chez son praticien. Il y a de fortes chances qu'avant le pretalk, il soit rempli de croyances. Ces croyances vont **être motrices** lors de la première séance. Il y a de fortes chances que la transe obtenue **ne soit pas celle attendue** par l'Hypno-thérapeute.

En effet, comme je vous le signalais, nous sommes, la plupart du temps, dans des **interactions qui nous induisent** des transes plus ou moins profondes.

Quand le thérapeute va entraîner le client dans sa transe, ce dernier **s'y retrouvera quoi qu'il arrive.** Dans ma perception actuelle **tout le monde part dans des transes.**

Seulement cette transe pourra être complètement **fermée aux suggestions de l'opérateur.** Nous pouvons nous demander pourquoi il y a cette **'résistance'.**

Pour l'avoir de nombreuse fois observée, dans la rue et en cabinet, **il n'y a pas à proprement parler de résistance**. La plupart des hypno-thérapeutes de piètre qualité iront jusqu'à dire que le client **'n'est pas hypnotisable'.**

Le sujet est simplement dans **une transe en circuit fermé.** Cela peut sembler étonnant sachant que depuis des décennies, on nous explique qu'en hypnose **la réception aux suggestions est ce qui est le plus important.**

Il n'a jamais été précisé que ces suggestions n'étaient **que** celles de l'opérateur. **Le premier 'maître' à bord est le partenaire.**

Il est étonnant que nous précisions si souvent aux clients qu'ils peuvent accepter ou refuser les suggestions, sortir de la séance, parler... et qu'avec ce postulat, nous nous en remettons au **'plein pouvoir de l'hypnostiste'.**

Lorsque les volontaires sont **réellement motivés** pour vivre leur séance, ils ne présentent **aucune résistance consciente,** d'ailleurs, rapidement après une induction, ils présentent des **signes de transes** assez marqués.

Cependant il semble qu'aucune des suggestions **ne trouve d'accroche**. Dans notre démarche d'opérateur nous constatons comme **une barrière**. Quand nous interrogeons le sujet nous pouvons avoir des réponses variées et passionnantes :

1- Je fais ce que tu me dis
2- J'ai envie que ça marche alors j'essaie
3- Je n'arrive pas à me concentrer
4- Ca marche vraiment ?
5- Je suis en transe là ? C'est ça l'hypnose ?
…

En réalité le client est dans **un circuit fermé d'autosuggestion.** L'impact de ses suggestions devient **supérieur** à celles que pourraient lui offrir l'opérateur. La transe permet en plus d'**utiliser un effet levier.**

Nous pourrions imager cette transe comme une tortue qui se cache dans sa carapace, **se coupant des idées extérieures,** mais **s'ouvrant à elle-même.**

Voici un exemple vécu. Je suis allé chez ma dentiste pour une dent cassée. Souhaitant tester l'**auto hypno-anesthésie,** elle ne m'a injecté aucun produit.

En **transe active** c'est-à-dire les yeux ouverts et discutant avec elle, cette dernière, plutôt intriguée, envoie de nombreuses suggestions négatives.

Elle creusait jusqu'à la pulpe et plus elle s'en approchait plus elle amplifiait l'idée de souffrance, de douleur.

Le temps de l'intervention, j'ai reçu de **nombreuses injonctions équivalentes à des suggestions**. Sachant que j'étais **en transe**, la logique commune offrirait l'idée que je devrais répondre rapidement à ces idées, pourtant cela n'a pas été le cas.

Ma **transe était fermée** à l'extérieur et **ouverte à mon objectif initial.** Il faut se rendre compte que ce n'est pas parce que nous sommes 'fermés' que nous n'avons plus de rapport avec l'extérieur. Nous ne sommes plus **en mode réception de suggestions**.

Je conseille d'ailleurs à la plupart des praticiens et néophytes de l'hypnose, qui **partent souvent dans des formations**, d'apprendre à développer **ce bouton ON/OFF.**

Vous n'êtes pas sans savoir que lors de nombreuses conférences, séminaires et formations, de **nombreuses suggestions sont envoyées** par les intervenants.

En effet, le **facteur critique est saturé** rapidement par l'ensemble des informations et des techniques utilisées, nous sommes donc dans des transes du début à la fin. Il est toujours intéressant d'avoir la capacité de **fermer le plus possible nos transes,** à certains moments, afin d'éviter l'introduction d'**idées 'non-conformes'** à notre être.

Les transes offrent donc une **capacité d'adaptation** aux situations. C'est ce qui fait que nous ne prenons pas toutes les suggestions de la société, des médias comme étant des vérités, même si, avouons-le, avec la répétition, la résistance s'effrite.

Prenons l'exemple d'une personne qui rêvasse, il y a peu de chance que les mots et les éléments autour d'elle, que pourtant elle entend et perçoit, ne puissent l'influencer. Elle est dans **sa transe fermée.**

Vous pouvez facilement faire l'expérience, mettez-vous à rêvasser dans un lieu public, laissez-vous aller même à écouter les conversations. Au bout d'un moment, il n'y aura plus que vous et vous-même, vos propres pensées, comme des suggestions, qui remplaceront le monde extérieur.

Dans de nombreuses situations nous avons cette possibilité de nous **fermer à l'extérieur et par conséquent à l'hypnotiste.** Nous avons un rôle important à jouer en **nous assurant que notre partenaire soit dans une transe ouverte** à un opérateur.

Certains parleront de l'**observateur caché,** comme étant la partie de nous qui nous protège des suggestions que nous ne souhaitons pas. **Je ne suis pas du tout d'accord au sujet de son existence.**

En effet lorsque la transe est ouverte et que le subconscient a **assimilé celui qui mène la séance comme LA voi(e)x**, il y a peu de chance que la transe **ne se ferme complètement**. Elle pourra au mieux offrir **une conscientisation** de la transe mais rarement une fermeture de celle-ci.

Prenez un moment dans vos séances pour bien comprendre **l'objectif de la transe** de votre partenaire. En effet, nous pourrions facilement nous dire que notre client prend rendez-vous pour aller mieux.

Seulement c'est une croyance, **certains viennent découvrir,** d'autres parler, d'autres observer. Chaque motivation va offrir **une transe ouverte différente** et probablement **fermée à la suggestion thérapeutique** ou au travail que vous pourriez lui proposer.

Cela nous donne dès lors de **nombreuses informations** sur la façon dont nous allons pouvoir mener une séance. Nous **allons calibrer les besoins** et pouvoir utiliser **la transe de façon optimale.**

Imaginez une **transe de découverte** de la part du client, il est donc **ouvert à comprendre et vivre une expérience** d'hypnose. Nous allons devoir lui proposer, au travers de jeux liés tout de même à sa problématique, mais sans que cette dernière soit le cœur de notre séance, juste **une explication pratique des phénomènes.**

Vous construirez dès lors **un rapport et une transe ouverte à la thérapie** pour la séance qui suit. Pour revenir à l'hypnose symptomatique, si nous sommes dans une dynamique de 2-3 séances, il est normal qu'il puisse y avoir de la panique de la part du praticien, si la transe du patient 'ne semble' pas convenir.

Dans une phase d'Hypnosophie, nous préférons passer une ou plusieurs séances pour **créer une transe ouverte à la thérapie** qui restera stable et d'autant plus ouverte à des changements et évolutions possibles.

Cette façon de vous proposer la transe me permet donc logiquement de vous proposer un autre point important, savoir si la **transe est exploitable ou pas.**

Chapitre 5 : Les Transes Exploitables

Si nous comprenons bien qu'il est possible que nos clients aient des transes ouvertes ou fermées, nous avons compris une certaine nuance.

Les transes ouvertes ne sont pas nécessairement utilisables par les thérapeutes. Et c'est là que les stratégies vont devoir être mises en place.

Si nous reprenons l'exemple du partenaire qui est sur une volonté de découvrir l'hypnose, il y a de fortes chances que sa transe, pourtant très positive au premier abord, soit complètement **inexploitable dans la facette thérapeutique.**

Nous retrouvons ces séances durant lesquelles nous avons l'impression que **le client nous ballade** même en plein cœur de séance. En réalité, il est simplement en train d'**éviter d'aller vers le traitement de la problématique,** parce qu'il n'est pas dans cette dynamique.

Avec l'expérience, vous arrivez à faire passer de cette **phase inexploitable à une séance de qualité.** Pour ce faire, il faut **accepter le schéma**, il y a une force qui va dans une direction, vous allez la nourrir.

C'est un principe de Judo qui dit : **'quand on te tire, pousse. Quand on te pousse, tire'.** Jouer avec les transes revient à comprendre cette danse. Pour **créer une transition** d'une phase inexploitable dans l'objectif thérapeutique, mais ouverte à d'autres objectifs, **vers une transe ouverte** aux changements.

Dans le cas de l'exemple précédent, l'idée de lui donner toutes les informations va permettre de le satisfaire et de le saturer.

Chaque praticien gère ses premières séances à sa façon. Certains passeront du temps pour faire une anamnèse, d'autres vont entrer dans le vif du sujet directement. Pour ma part, je préfère passer plus de temps pour **'construire'** avec mon partenaire **une transe ouverte et exploitable**.

Le temps que cela va prendre sera récupéré rapidement.

C'est d'ailleurs observable lorsque nous voyons une première fois un client qui ne semble pas 'partir' dans sa transe. Étonnamment quelques séances après, il peut être devenu le **lucky luke de la transe.**

La plupart des **attentes excessives** sont simplement inexploitables surtout pour ceux qui, dans la rue ou sur scène par exemple, attendent des phénomènes hypnotiques.

Il est courant de voir que les hypnotistes de rue se plaignent souvent de ne pas vivre une expérience comme eux-mêmes en font vivre.

Ils sont pourtant en **transe ouverte,** ils partent parfois même plus vite que d'autres, mais ils souhaitent tellement vivre une chose extraordinaire qu'**ils sabotent leurs moments**.

Ce sont des transes **inexploitables pour des phénomènes** mais très **exploitables pour de la détente.**

Il y a une autre chose que j'avais déjà précisée dans un de mes ouvrages. Lorsqu'une personne est dans une transe ouverte, mais a du mal à laisser cette dernière exprimer tout ce qu'elle peut, c'est que lors du dialogue entre le conscient et le subconscient, **ce dernier a énormément de choses à dire.**

Comme nous le verrons un peu plus tard, le facteur critique, pour moi, a trois facettes spécifiques.

Et une de ces facettes est de **limiter les informations du subconscient vers le conscient.** La plupart du temps c'est parce que la prise de conscience de ces éléments pourrait créer un **déséquilibre trop important.**

Donc si la transe est inexploitable, c'est aussi par **protection pour l'homéostasie** du sujet à ce moment-là.

Nous devons chercher les moyens de rendre la transe la plus exploitable possible, même si très souvent elle sera **contextuellement impossible à exploiter.**

Souvenez-vous que **le cadre** reprend alors toute son importance. Une session que nous proposons pendant un cabinet ouvert ne sera pas aussi exploitable que celle en cabinet privé.

De plus, des éléments comme **la confiance et la réputation** influencent énormément l'exploitation de la transe ouverte. C'est pour cette raison que certains hypnotiseurs de renom n'ont besoin de presque aucune technique pour avoir d'excellents retours.

L'ouverture de la transe offre **une double suggestion de la croyance et de l'opérateur** qui peut exploiter au plus profond toutes les compétences du subconscient de son partenaire.

Notre travail de professionnel est donc de faire passer d'une transe à une autre. Comme je le proposais **en CrossTherapy**, nous devons être **une sorte de filtre.**

Nous devenons la **transition possible entre deux transes**, pour entraîner le partenaire, d'une part vers une transe positive lors de la session, d'autre part vers **une assimilation d'une transe quotidienne plus harmonisée.**

Le troisième critère qui a toute son importance, particulièrement avec les croyances que peuvent garder de nombreux praticiens, le principe de **transe consciente ou subconsciente.**

Chapitre 6 : Les Transes Conscientes et Subconscientes

Les transes ne sont pas **des 'états' stables.** Déjà naturellement tout au long de la journée nous changeons d'une transe à une autre avec, par période, **une conscientisation plus spécifique** des choses.

Cette instabilité est mise en place par plusieurs facteurs que nous avons déjà décrits précédemment. Les transes peuvent passer de **fermées vers ouvertes, d'inexploitables à exploitables.**

Il y a **des** éléments à prendre encore en compte dans ce **mouvement perpétuel.** Souvenez-vous que la transe est un **dialogue entre le conscient et le subconscient** avec un minimum de contrainte du facteur critique.

Pour autant, le dialogue **n'est pas nécessairement équilibré**. Pensez simplement à vous et à vos amis quand vous êtes en train d'échanger.

Il y a des moments pendant lesquels il y a un ping pong, un **vrai partage.** Et dans d'autres phases vous vous trouvez à écouter **un long monologue.**

Il faut se rendre compte que les transes partent sur le même principe.

Par périodes notre conscient est dans un monologue incessant et dans d'autres c'est le subconscient qui se lâche complètement.

Pourtant **aucun des deux monologues n'est intéressant** dans le cadre de la thérapie. Pour la rue ou la scène, au contraire, cela peut être une aubaine.

Vous comprenez donc qu'il y a **soit une transe consciente, soit une transe subconsciente.** C'est-à-dire que l'un ou l'autre des éléments de notre être va prendre plus de place.

1- La transe Consciente :

C'est une transe que nous trouvons couramment et qui est intéressante dans la **dynamique d'une analyse** avec le partenaire. La plupart du temps, durant la séance, le client ne semble pas parti. Il semble ne pas avoir décroché. De plus, dans de nombreuses formations ou explications en Hypnose, on nous fait croire que le patient doit être détendu et limite, assoupi.

Alors lorsque le client **parle de façon fluide** et absolument pas caverneuse, certains praticiens estiment que l'induction n'a pas fonctionné.

D'ailleurs c'est fréquemment le retour de mes clients au sujet de leurs expériences en hypnose indirecte : 'il m'a raconté une histoire mais **j'étais complètement conscient'**.

Je pense pourtant qu'ils étaient bien en transe, pour eux c'était clairement impalpable. Il suffit en plus que **ce modèle ne lui convienne pas** et il peut avoir fermé sa transe.

Il est inutile de rappeler que **le patient ne dort jamais** et que, même s'il est complètement plongé dans une transe H-Ultra, **il est 'présent'.**

Dans sa transe, il **souhaite analyser, comprendre, obtenir des réponses.** Il y a des personnalités, telles que défini dans les Ennéagrammes, qui auront plus facilement cette tendance à vivre des Transes Conscientes.

Alors quelle est l**a différence avec un état de conscience.** Et bien, on observe des régressions spontanées assez fréquentes, les choses sont **plus claires dans l'esprit du partenaire,** il est même parfois très étonné des pensées et des images qu'il découvre.

On peut avoir l'impression, en tant qu'opérateur, que rien ne se passe et pourtant c'est vraiment **une vraie période de découverte, de re-compréhension,** comme si on avait enlevé un filtre.

Les transes conscientes sont **très utilisées dans les psychanalyses.** Sans le savoir avec tous les reflets, les échos, les silences, il y a **une transe en focus interne.**

J'en profite pour expliquer que même si Freud a arrêté d'exploiter **un modèle d''hypnose** (Hypnose Directive) à son époque, **le principe de transe reste présent**.

Cette communication entre toutes les parties de soi dans une recherche de souvenirs, de perceptions et d'écoute de soi, avec l'éventuelle intervention du psychanalyste, **interrompant un pattern**, amène naturellement une transe.

Alors qu'aujourd'hui notre milieu des thérapies brèves tirent sur les analystes (et ces derniers font la même chose à notre sujet), nous ne prenons pas en compte les phénomènes et les **outils utilisés sous une forme différente.**

Cela entraîne donc, dans une analyse parfois très critique, une **'prise de conscience'.** On passe de la transe consciente à la résultante possible de cette dernière, **un message clair qui vient d'être intégré par le conscient.**

Très fréquemment les clients qui entrent dans ces transes attendent **une information spécifique de leur subconscient.**

Et il se peut que certains de vos patients, qui d'habitude partaient loin, vivent une séance avec une transe consciente, parce que **le temps est venu pour eux d' 'accueillir' le message.**

Mais attention, c'est également une **fuite possible** pour d'autres patients. En effet, à garder le monologue du conscient, ils évitent au maximum les interventions possibles du subconscient.

C'est une façon subtile de retenir les choses qui doivent être dites. Je ne sais pas exactement si c'est **une résistance clef** ou simplement que **le temps n'est pas encore venu.** Peut-être que l'un entraîne l'autre, je n'ai pas de réponse à ce sujet pour l'instant.

Nous revenons à l'exemple que je vous donnais précédemment avec les hypnotistes qui ne vivent pas des transes plus subconscientes. Très souvent comme ils connaissant en plus le système, **ils analysent.**

Protection ou envie de contrôler, d'une façon ou d'une autre, il n'y a pas d'écoute du subconscient, par conséquent il n'y a que très difficilement des phénomènes hypnotiques notables.

2- Les Transes Subconscientes

Elles sont assez fréquentes chez les personnes qui durant la session **s'écroulent complètement** et se laissent complètement aller.

Je sais que de nombreux Streeteurs ou hommes de scène apprécient particulièrement ces partenaires. J'ai d'ailleurs été étonné, de voir parfois dans la rue, que les opérateurs se précipitaient sur les personnes qui entraient dans des transes subconscientes plutôt que vers celles qui étaient plus dans le conscient.

Il est certain que **les phénomènes seront plus notables**, et il est possible que cela persuade davantage les partenaires.

La transe subconsciente laisse donc **le subconscient prendre sa place.** Il y a quelques temps, j'expliquais qu'il était normal qu'en transe ce dernier fasse signe.

Je disais que la transe était une **occasion unique pour lui de s'exprimer.**

Je pense que **j'avais tort,** sinon il n'y aurait jamais de transes conscientes. Pour autant, pour ce type de transe c'est un vrai moment d'expression du subconscient.

Je rappelle que **le subconscient a 5 ans,** et dans ma perception ce n'est qu'un gosse **qui n'arrive pas clairement à s'exprimer.** Souvenez-vous simplement de vos rêves et de l'incohérence des choses exprimées.

Et bien les transes subconscientes peuvent être tout aussi 'étranges' c'est pour cette raison qu'il est **'cohérent' de faire vivre des phénomènes hypnotiques importants,** simplement parce que l'**imagination rejoint le mode d'expression du subconscient (cf les rêves).**

L'utilisation des transes subconscientes permet d'obtenir des **réponses parfois cachées.** Il faut voir que beaucoup de régressions à des traumatismes importants s'expriment dans ce type de transe. Un exemple que je ne suis pas le seul à avoir vécu, une patiente vient pour un problème de confiance en soi. Il est courant que ce type de problématique cache de nombreuses choses.

Dans son cas, elle a filé dans une transe subconsciente. Et lors de la régression, nous sommes arrivés à un viol. Quand elle est revenue, cet événement restait très lointain, la prise de conscience de ce qui avait été décrit pendant la séance ne pouvait se faire.

Si le subconscient a mis de côté, loin de la conscience, des traumatismes, il y a de fortes chances que la seule façon de les **extraire est de vivre une transe subconsciente.**

Certaines personnes se souviennent très bien à leur retour dans l'ici et maintenant de ces scènes oubliées. C'est une fois de plus pour cette raison qu'il est nécessaire de **bien suivre ses patients sur la durée,** pour éviter une mauvaise gestion de cette prise de conscience.

Comme pour les transes conscientes, une personne qui part **trop facilement** dans une transe subconsciente pendant ses séances est aussi dans une **phase d'évitement.** Elle évite le **processus de prise de conscience.**

Cette étape est très souvent **salvatrice,** même si comme le précisent de nombreux systèmes de thérapies brèves, elle n'est pas obligatoire. En effet, on peut travailler des sujets sans même connaître le thème avec une technique comme les submodalités.

Cependant, un partenaire en transe subconsciente qui ne parvient pas nous parler clairement peut être bloquant.

Je ne suis pas de l'école des signalings que j'estime parfois trop approximatifs. Je préfère faire parler le client pour savoir ce qu'il vit, ce qu'il ressent etc…

Certains praticiens n'aiment pas cette idée, ils estiment que nous faisons ressortir le partenaire de sa transe. Même si le **niveau pourrait varier,** nous naviguons dans le noir, mais avec un capitaine bien présent.

Ces deux types de transes peuvent être présents durant une séance. Il est plus classique de passer d'une transe consciente dans les premières phases de séance à une transe plus subconsciente.

Notre idée, en tant qu'opérateur, **sera de rendre ces transes plus stables. Le dialogue équilibré** sera la clef pour une évolution rapide et positive de notre patient.

Il est possible que cela prenne du temps, un certain nombre de séances pour certains clients. Nous devons accepter que ces phénomènes naturels aient été **utilisés comme des stratégies durant toute sa vie.**

Chapitre 6 : Revenons au facteur critique

Je vais vous livrer mes réflexions actuelles sur **le facteur critique.** J'avoue que c'est vraiment ce qui me passionne le plus dans la notion d'hypnose en ce moment.

Comprendre que ce sas a **une utilité certainement bien plus importante** que celle d'une simple barrière entre le conscient et le subconscient.

Depuis que j'ai appris cette notion de Facteur Critique de la part de **Jerry Kein,** j'ai déjà bien modifié ma perception de cette dernière. J'ai eu la chance d'avoir étudié **John Kappa,** qui a donné cette notion de sas.

Ce qui est assez étonnant c'est que très peu d'écrits se penchent sur **ce 'filtre'.** En tout cas, à ce jour, je n'en ai pas lu. Nous en sommes plus à étudier les retours des effets de l'hypnose et la mode étant aux neurosciences, la façon dont le cerveau vit une transe, que de **prendre en compte le processus.**

Cela semble tout de même logique, particulièrement si nous reprenons les différences de définitions que nous avons pu voir en début de cet ouvrage.

Je pense qu'il y a une vraie utilité de comprendre le fonctionnement cet élément, afin d'**optimiser nos séances** et de comprendre à une autre échelle ce qui pourrait être le facteur déclenchant de certaines **transes ouvertes et exploitables.**

Voici aujourd'hui dans quelle perception je suis.

Le facteur critique à donc **plusieurs fonctions** dont nous avons déjà parlé :
- Diriger **l'information vers le subconscient** si un fichier est déjà dans la mémoire long terme
- Laisser **l'information mûrir** dans le sas
- **Renvoyer dans le conscient** pour obtenir plus de logique, de compréhension.

Il est possible que ce Facteur Critique soit également divisible en trois. Imaginez-vous un sas avec trois pôles, trois entrées :

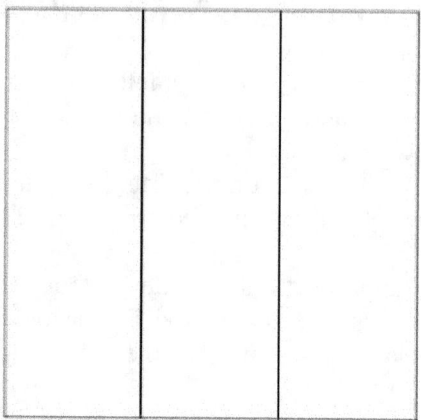

La première pourrait être le Facteur Critique entre **le Conscient et le Subconscient,** cette fameuse barrière qui bloque les informations pour qu'**elles ne deviennent pas des vérités** et donc qu'elles deviennent potentiellement directrices de nos vies.

La seconde pourrait être le Facteur Critique entre **le Subconscient et le Conscient.** Cette facette, je ne l'ai perçu qu'il y a peu de temps. Grâce à l'échange avec des apprenants Psycho-Praticiens et en revenant sur l'appareil psychique tel que conçu par Freud.

C'est ce dont je vous parlais dans le chapitre précédent avec cette idée que par moment **nous ne prenons pas conscience de ce qui a été exprimé par le subconscient,** ou de façon tellement symbolique qu'il faudra **un certain temps pour le décoder** et encore un autre pour **l'intégrer.**

C'est une forme de **protection du subconscient** qui 'estime' que l'équilibre serait potentiellement rompu.

J'ai déjà eu des patients qui souhaitaient tellement des réponses (attentes excessives) de la part de leur subconscient que de séances en séances, une forme de frustration commençait à apparaître. Comme pour répondre à l'adage : 'prends garde à ce que tu souhaites de peur que ça arrive', le subconscient lors d'une séance a ressorti des informations... plutôt perturbantes.

La cliente, à ce moment, a tellement été choquée qu'elle a voulu tout arrêter et surtout elle est rentrée dans une **dynamique autodestructrice,** qu'il a fallu gérer à mesure des séances.

Le subconscient ayant **été tellement contraint**, le facteur critique a alors laissé l'information se conscientiser et le **déséquilibre a été immédiat.**

Reprenons l'exemple classique des viols ou attouchements perçus et complètement occultés.

Certains partenaires reviennent de leur transe, la plupart du temps **très subconsciente,** et pourtant **rien ne reste** dans le conscient, comme si se remémorer ces scènes **n'apporteraient rien ou que ce n'est pas le moment.**

D'une manière ou de l'autre l'information est restée **dans le facteur critique** et retournera dans le subconscient.

La troisième entrée est certainement **une route ouverte,** ce contournement du facteur critique.

Plus je propose des transes dans différentes situations, plus les partenaires entrent dans des transes, moins je suis persuadé qu'une personne à qui **nous avons contourné le facteur critique**, restera dans ce demi-temps de retard.

J'utilisais beaucoup la comparaison avec le sport, quand un joueur de foot passe un adversaire, cela revient à contourner le Facteur Critique, seulement le défenseur **va courir après** pour récupérer le ballon.

Les approfondissements permettent de **prendre de la distance** officiellement avec la conscience. Seulement dans ce cas là, nous n'aurions **jamais de Transe consciente.**

La **voie du contournement,** cette porte ouverte, ne signifie pas que toutes les suggestions passeront, ni même que le Facteur Critique subconscient n'interviendra pas.

Jusqu'à présent je pensais de façon très linéaire : **information >
état de transe > suggestion**

Seulement quand une information est émise , même si nous sommes en transe, une partie de l'élément formulé pourra devenir **une suggestion acceptable.**

Il se peut que d'autres parties de cette information **ne répondent pas aux règles,** elles obtiendront donc un rejet et seront renvoyées vers le conscient, ou elles resteront en transit dans le facteur critique, afin de prendre forme et de laisser la décision pour ultérieurement.

Il semble que le Facteur Critique filtre au mot à mot ou plutôt concept par concept.

Cela va donc rendre plus complexe notre principe de suggestion. En effet, une suggestion peut être **partiellement prise en compte**, alors que la suivante ou les suggestions corporelles vont être intégrées.

Les informations passent en débit constant et le traitement est immédiat, donc nous sortons du modèle linéaire.

Une énorme librairie est disponible dans le subconscient, seulement comme le dit Raphaël, en bon programmeur qu'il est, il y a d**es règles de validation et d'invalidation.** Des règles qui feront passer d'une transe consciente à une transe subconsciente, d'une transe ouverte à une transe fermée.

Imaginez le subconscient comme **un disque dur.** Il est composé de notre Bios, de notre Système d'Exploitation, de divers programmes, de dossiers et de fichiers.

Un dossier peut être **une émotion ou un souvenir.** Et dans ce dossier vous trouvez des fichiers, comme des photos, des sons, des films...

Quand une **information – dossier** passe dans le Facteur Critique, il est scanné comme avec un antivirus. Si dans le dossier il y a un fichier pouvant répondre à ceux contenus dans un dossier du disque dur, il est possible que le fichier soit validé, mais d'autres fichiers de ce dossier pourraient être rejetés.

C'est une des raisons pour lesquelles en hypnose ou en PNL nous insistons pour **réutiliser les mots de notre partenaire.** En effet il offre des fichiers pour 'entrer' ou passer l'antivirus, c'est **un effet cheval de Troie.**

Je reviendrai plus en détails sur cet aspect important du facteur critique. La complexité va résider dans la **compréhension des règles** de validation.

Je soupçonne que chaque personne a ses règles de sécurité et que notre rôle sera de les comprendre et de les contourner.

Chapitre 7 : La posture du praticien

Dans les chapitres précédents j'ai beaucoup insisté sur l'idée que l'hypnose n'est pas qu'un outil pour **traiter le symptomatique** mais une véritable source de recherches et de sagesse intérieure que je nomme **Hypnosophie.**
L'hypnosophe est donc un filtre qui permet de faire passer le partenaire de **transes inexploitables à des transes ouvertes aux changements.**
Cela implique **une véritable discipline et un apprentissage pour le praticien.** Celle d'une posture qui fait partie du **concept des trois 50/50.**

1- Le praticien fait 50% du travail et le partenaire les 50% autres
2- La transe doit se stabiliser et s'équilibrer vers 50% Conscient - 50% Subconscient
3- Le praticien doit être centré 50% sur lui et 50% sur son partenaire

En ce qui nous concerne c'est le troisième point que je vais un peu développer.
La posture thérapeutique s'apprend et celle d'accueil plus particulièrement.
De nombreuses personnes, pleines de **bonnes intentions,** pensent que **cette seule idée pourra aider le client.**
Je suis issu du monde énergétique et il s'avère que nous estimions que nous ne pouvions **pas faire de mal avec une intention positive.** Le temps et l'expérience m'ont fait repenser sur cette idée.
En effet, une intention positive entraîne souvent le praticien dans **une volonté d'aider coûte que coûte** son patient. Pourtant, cette façon de percevoir la thérapie peut rendre **le rapport instable.** Le praticien **n'accueillant pas complètement** la souffrance, l'histoire, la vie du partenaire.
Soutenir, aider et orienter vers le mieux être du client n'est en aucun cas empêcher **la juste expression** de tout ce que le subconscient a dû garder en lui pendant une très longue période.
Prenons un exemple que j'ai eu la chance d'observer :
Le patient vient pour faire un travail sur une addiction.

Le praticien commence sa séance en proposant d'orienter sur une séance d'hypnosophie plutôt que sur du symptomatique.

Rapidement, les questions emmènent vers un point de l'enfance du client. Ce dernier ayant souffert de nombreux maux, il en fait part à son thérapeute.

Le praticien ayant un **retour émotionnel projectif** (un contre transfert) sur le patient, rompt l'équilibre de sa posture, en retournant dans un premier temps **100% sur lui même : phase d'écho à sa propre histoire**, puis 100% sur le partenaire, en stoppant **les questions dont l'importance est capitale** et lui proposant une solution pour atténuer cette tristesse.

Seulement le praticien était simplement **en train d'aider son propre enfant intérieur** à sortir de cette tristesse. Il n'était plus dans **un accueil juste** de la tristesse.

Il y a de nombreux styles et systèmes de mieux être comme le Hoponopono, l'EFT et beaucoup de psychologies dites énergétiques qui utilisent ce levier merveilleux de **l'accueil inconditionnel** de l'autre dans toutes ses facettes.

C'est d'ailleurs une des réflexions que beaucoup de personnes vivent durant les formations.

En effet il y a un énorme travail personnel qui doit être mis en place.

Pour de nombreux d'apprenants, il y a **une libération par l'acceptation** de ce qu'ils sont, de leurs histoires, de leurs peurs, de leurs faiblesses, mais aussi de leurs forces et de leurs lumières que **les autres participants leur donnent.**

Il y a quelques années, une étude avait expliqué que le plus important dans un système thérapeutique lié à la psychologie, était **le rapport.**

En effet le lien entre le thérapeute et son client pouvait être la c**lef déterminante du succès**. Si ce rapport est **une juste posture du praticien et un accueil dans l'équilibre de soi**, je suis complètement d'accord.

La posture sera **un levier considérable** mais pas toute la thérapie. J'avais dans un ouvrage précédent, parlé d'un membre de HnO qui s'est sentie complètement libérée lors d'un week-end.

En pleine 'compulsion' de son type de personnalité, tout le monde l'avait **acceptée avec respect**. Cela l'a libérée le temps du week-end d'un poids énorme, mais le **quotidien réactive** des 'ancrages' qu'il faudra désamorcer à mesure des séances.

Un praticien doit donc rester **le plus équilibré possible** pour être vraiment un aidant.

La posture est l'un des deux critères importants à garder en tête pour un thérapeute.

L'autre est **le cadre proposé.** En effet, c'est ce dernier qui va permettre à un patient de p**ouvoir lâcher ses différentes problématiques**, de se sentir bien pour laisser aller les poids de sa vie.

Quand je parle de cadre, je ne veux pas dire ici que vous deviez faire une séance dans un cabinet. Mais plutôt imposer ce dernier **comme le moment pendant lequel vous mettez votre costume d'aidant.**

Si vous faites des séances à des proches et que les deux éléments : **Posture et Cadre** ne sont pas correctement appliqués il est possible que **les dissonances apparaissent.**

Prenons l'exemple d'un couple de thérapeutes :

L'homme propose à son épouse des séances. Ils prennent rendez-vous pour leurs sessions. Il mène ses séances dans une posture de praticien. Elle fait comme une patiente ordinaire.

Admettons que les rendez-vous se fassent correctement.

Si l'homme a repris dans **la vie privée sa posture de thérapeute** sur des petits problèmes du quotidien :

1- Sa femme pourra faire une **confusion entre l'accueil du conjoint et celle du thérapeute** et donc ne pas savoir différencier les émotions

Imaginez simplement que l'homme dans son quotidien pourra faire des réflexions, avoir des sauts d'humeur, faire des reproches à sa femme. Si cette dernière ne différencie plus le praticien et l'homme qui partage sa vie, elle pourrait vivre un stress important.

2- **Le transfert** fait sur le thérapeute ne se sépare plus de l'homme partageant sa vie au quotidien, et donc les attitudes peuvent être une réponse à un dysfonctionnement du passé projectif plutôt que l'attitude du mari.

3- La femme peut estimer que son **homme = thérapeute** donc ce n'est plus un amour à l'homme mais au sujet du transfert.

Si l'homme durant les sessions **reste le mari de sa patiente /** femme

1- Il sort de sa posture et pourrait **prendre les émotions projetées** comme lui étant destinées. Un regard, un mot pourront le bouleverser et rompre le rapport même privé.
2- La femme ne reconnaîtra pas son thérapeute et se fermera sûrement. Elle pourrait revivre un traumatisme surtout si des blessures comme rejet, trahison, ou abandon sont présentes.

Nous pouvons facilement constater les dérives dans la vie privée si les deux interlocuteurs ne **s'imposent pas une discipline.** Mais il est possible que les confusions se fassent parfois. Soyez en conscient si vous décidez de pratiquer sur les personnes proches.
La posture de praticien peut facilement déborder dans le quotidien, cependant, dans les enseignements en école, on nous enseigne comment faire dans le cadre professionnel, rarement dans notre quotidien.
C'est une démarche que nous devons apprendre avec l'expérience. De ce fait, je peux vous conseiller de garder en tête votre comportement lorsque vous mettez votre costume d'aidant et lorsque vous êtes loin de votre cadre professionnel.

Conclusion

Dans cet ouvrage que j'ai nommé Hypnosophie, je vous ai introduit un certain **nombre de concepts** que j'utilise de plus en plus au quotidien.

J'aime l'hypnose comme discipline. J'aime ces différentes facettes et je pense qu'il y a encore d**e très nombreuses choses à travailler sur le sujet.**

Seulement je n'aime pas cette façon de vendre notre discipline. **Nous la réduisons à quelques technique**s qui pour moi restent secondaires.

La compréhension des transes et la posture juste sont aujourd'hui, pour moi, des clefs de voûtes indispensables si nous souhaitons ouvrir notre façon de faire en intégrant d'autres disciplines.

Comme me le précisait Christine, je pourrais faire un petit livre de chaque chapitre. Pour l'heure je préfère **juste introduire ces différentes notions,** continuer à les valider ou à les transformer.

Je pense que le travail à continuer concerne le facteur critique et ses règles.

Il y a une véritable réflexion à mener sur la possibilité d'un autre facteur critique entre l'Inconscient et le Subconscient ...

Pour l'instant je vous invite **à observer, vérifier ou invalider** ce que je propose. **Nous sommes des chercheurs** dans une discipline qui est encore jeune quant à son exploitation.

Annexe

Cet après midi en discutant avec MLine, nous parlions de liberté. J'ai une croyance que nous ne naissons pas libre. Que la liberté est un chemin qui demande une recherche, des questions, des choix. Pour moi nous sommes la résultante de la pensée de notre système, familial, social, religieux... La plupart de nos réflexions, pensées et comportements sont des conséquences rarement conscientisées et acceptées 'volontairement'. Suite à cet échange, j'ai pu recroiser avec une recherche que je fais sur les fonctions du facteur critique. Aujourd'hui je prends le facteur critique comme étant un sas entre le conscient et le subconscient. Ce sas permet de filtrer les informations pour éviter que ces dernières ne deviennent des graines de vérité.

Comme un antivirus il a trois fonctions :
- Valider l'information
- Mettre en Quarantaine pour traitement ultérieur
- Renvoyer directement vers l'entrée avec une alerte

Quand nous sommes dans une démarche thérapeutique ou dans un objectif d'influence-manipulation, le but est de pouvoir proposer une information comme une graine de changement (de vérité potentielle) au partenaire.

Pourtant, si nous imposons une vérité, il va y avoir le facteur critique qui opposera son veto, imaginez le portier de la boîte de nuit qui vous recale.

Mais pourquoi un argument proposé ou imposé peut prendre un refus ? Par la logique du fichier existant déjà dans le système.

Le subconscient, qui en hypnose Elmanienne, regroupe l'ensemble des mémoires à long termes, peut :
- Soit avoir un 'dossier', une mémoire sur le sujet abordé, comme étant la croyance de référence.
- Soit être vierge de dossier à ce sujet et donc apte à accepter un programme initial.

Quand une information qui peut prendre la forme d'un argument, d'un échange ou d'une suggestion par exemple, est proposée au conscient, ce dernier va la prendre en compte et immédiatement l'entraîner dans le sas Facteur Critique, s'en suit le filtre, comme le souligne Raphaël, les règles de l'antivirus.

Si le Subconscient a déjà un dossier traitant du sujet ou d'un sujet similaire et de nombreux fichiers complémentaires sont insérés et intégrés dans cet espace.

Dans ce cas

a) L'information est cohérente à ce qui est dans le dossier et donc il est intégré et 'nourrit' le dossier avec un fichier supplémentaire.

b) L'information est dissonante, et il y a peut être même les contre-arguments présents dans un des fichiers, elle est donc renvoyée vers le conscient qui va argumenter, poser des questions, défendre la mémoire long terme qui créé un équilibre.

Dans ce cas au niveau de la thérapie, nous allons devoir travailler avec ce dossier au moment de la transe. Dans un article à venir, je partagerai une notion complémentaire aux transes ouvertes et transes fermées, qui sous-tend l'idée que même dans sa transe le facteur critique contourné peut offrir une résistance…

Dans le cas de l'influence-manipulation (Utilisable aussi en thérapie sous la notion couverte ou indirecte), il y a plusieurs solutions qui s'offrent. La première est de faire entrer dans une transe, peu perceptible, au travers de :

- la confusion /saturation : donner de nombreux arguments même sans liens, des coqs à l'âne et autres informations de peu de valeur mais qui entraîneront un bug du partenaire.

- proposer des focalisations internes avec les émotions (les émotions étant dans le subconscient) permettant de passer la défense : mémoire long terme en ré-axant sur l'émotion.

Ces méthodes portent facilement leurs fruits mais il est possible que dans le subconscient cette nouvelle idée 'imposée' soit prise comme un virus. Et en scannant dans la mémoire à long terme, il est possible qu'elle soit 'découverte' et mise en quarantaine. Surtout si "l'influenceur" n'est pas là pour nourrir régulièrement l'idée semée dans le subconscient.

Une autre façon de faire est de poser des questions pour faire entrer en contradiction les arguments du conscient (qui regroupent nos modèles logiques et cohérents). Quand le conscient ne trouvera plus de quoi répondre, il va demander des ressources dans le subconscient, à ce moment une question-suggestion peut devenir comme un cheval de Troie.

En effet, le Facteur Critique va laisser passer parce que le pattern conscient est en recherche et que le lien avec le subconscient est nécessaire, de plus la question n'est jamais une remise en question directe de l'existence et de l'importance du dossier visé.

Dès lors le facteur critique n'est plus en rejet de l'information interrogative et il offre une porte d'entrée, avec un fichier qui va s'insérer dans le dossier.

Quand l'échange sera terminé, il se peut que le fichier intrus, continue cette démarche de remise en question, les autres fichiers vont pour certains être vérolés, parce qu'ils n'ont pas eu de réponse durant la phase d'échange, s'arrêtant en plus sur une question, le virus peut continuer à se diffuser.

Il peut offrir du doute ou en tout cas, l'équilibre du dossier n'est plus et il y a un besoin de retrouver cet équilibre.

Si dans la question suggestion, les points ont été assez puissants pour interrompre le pattern d'argumentation, le subconscient va envoyer ces informations dans le facteur critique pour une ré analyse potentielle.

Il se peut même que le conscient recherche une logique dans ses idées. Avec un certain temps, il est fort à parier que le conscient pourra changer son dossier initial avec les idées du fichier 'cheval de Troie' et rationnellement, c'est-à-dire consciemment, exprimer l'idée comme émanant de lui-même. La question ayant permis de faire croire qu'il a trouvé sa propre réponse, qui lui était quand même suggérée.

De cette réflexion, je pense que nombre de nos choix conscients, rationnels, nous semblent issus de notre propre démarche alors qu'il y a de fortes chances qu'ils aient été implantés.

Du même Auteur Chez HnO Edition

1/ *Initiation à l'Hypnose Classique Curative (Oct-2012)*
2/ *Méthode d'Auto* Hypnose (Nov-2012)
3/ *Hypnose et Régressions (Janv-2013)*
4/ *Initiation à l'Hypnose Urbaine (Dec-2012)*
5/*L'ésotérisme décrypté par l'Hypnose (Avr-2013)*
6/ *Hypnose avec les Enfants (Mai-2013)*
7/ *Mieux éduquer ses enfants grâce aux outils de l'Hypnose (Juin-2013)*
8/ *CrossTherapy (Oct-2013)*
9/ *Mes Premiers pas sur la loi d'attraction (2013)*
10/ *Hypnose H-Ultra Ou Hypnose Profonde (Nov-2013)*
11/ *Laboratoire Hypnose Volume 1 (Oct-2013)*
12/ *CT Energetics : Magnétisme et Transes (Janv-2014)*
13/ *Chercheur sur la Loi d'Attraction (Janv-2014)*
14/ *Hypnose et Hypnosophie (Avr-2014)*
15/ *Apprendre le système TPA (Mai-2014)*
16/ *Hypnose et Posture du Praticien (Juil-2014)*
17/ *Hypnose et la Pre-test Therapie (Oct-2014)*
18/ *Base de PNL Interpersonnelle (Nov-2014)*
19/ *Base de la PnL Coaching (Fev-2015)*
20/ *Périple d'un Praticien d'Hypnose contre le Cancer (Fev-2015)*
21/ *Manuel de Formation à l'Auto Amour (Avr-2015)*
22/ *Hypnose et Douleur (Juil-2015)*
23/ *Cette Hypnose Ascendante nommée Hyperempiria (Sept-2015)*
24/ *Hypnose Elmanienne (Nov-2015)*
25/ *Questiosophie (Fev-2016)*
26/ *Crépuscule de l'Hypnose (Avril-2016)*
27/ *Pouvoir Limité (Mai-2016)*
28/ *Hypnose Spirituelle (Août-2016)*
29/ *Hypnose Invisible (Oct-2016)*

30/ Hypnose et Anneau gastrique hypnotique (Janv-2017)

Qui est HnO Hypnose ?

HnO Hypnose est une association de pratiquants et de praticiens en Hypnose à tendance Elmanienne, Hypnosophie, Hypnose Fusion et Thérapies Durables.

Notre but est de rechercher, développer, pratiquer et diffuser sur ces sujets. Pour ce faire, nous utilisons plusieurs leviers : des formations, des cabinets ouverts, de l'Hypnose Urbaine, des livres, des audios, des live Facebook, des Podcasts...

Nous organisons des formations en Hypnose Classique Curative, Hypnosophie et Psycho-Pratique Intégrative ainsi que des ateliers en thérapie durable.

L'Hypnosophie est une discipline de synthèse et intégrative. L'hypnose est un vaste monde avec des écoles, des styles et des tendances. Plus qu'un style, nous souhaitons intégrer, sur les bases communes de l'hypnose, une ouverture globale.

Nous organisons des cabinets ouverts, dans le but de faire découvrir l'aspect curatif au plus grand nombre.

Toutes les semaines nous organisons des sorties Hypnose Urbaine ou des Hypno-papotages. Nous y invitons des praticiens mais aussi des amateurs. Le but étant de faire connaître, dans un autre contexte que le soin, ce qu'est l'Hypnose. Cette expérience humaine est extraordinaire. Nous pouvons dissiper les à priori et faire vivre des expériences agréables aux passants. Vous pouvez trouver plus d'informations sur ce que nous mettons en place sur : www.hno-hypnose.com

Nous avons mis en place un site de Mp3 d'Hypnose pour faire vivre des micros séances. Vous trouverez des informations sur : www.hno-mp3-hypnose.com

Si vous souhaitez nous rencontrer, échanger, partager, n'hésitez pas à nous contacter :

Mail : hype.ose@gmail.com

YouTube / Twitter / Facebook : Hype-N-Ose

Aller plus loin avec HnO Hypnose

Site Hypnose Fusion :

J'ai fait un site qui regroupe désormais l'ensemble des thèmes que j'aborde régulièrement.

- Hypnose et Magnétisme
- Hypnose et rupture amoureuse
- Hypnose et Enfants
- Hypnosophie
- Crosstherapy
- Hypnose et Sexualité
- Hypnose et Sommeil
- Hypnose Urbaine
- Coaching et SmartBrain Process
- Hypnose et Grossesse
- Hypnose et Manipulation
- Hypnose et Arrêt du Tabac
- Hypnose et Anneau Gastrique Virtuel (Système BAGH)

N'hésitez pas à l'utiliser le plus possible, je vais le faire évoluer et répondrai à vos questions.
https://hypnosefusion.com/

Programme d'hypnose disponible gratuitement :

Programme pour se donner de la Bienveillance (21 Jours)
https://hypnosefusion.com/hypnose-et-bienveillance/

Programme Mincir et Prendre soin de soi (21 Jours)
https://hypnosefusion.com/systeme-bagh-programme-mincir-et-prendre-soin-de-soi-5min-jour-sur-21-jours/

Programme Arrêter de Fumer Gratuitement (21 Jours)
https://hypnosefusion.com/hypnose-et-arret-du-tabac/

Programme Anneau Gastrique Hypnotique Gratuit (21 Jours)
https://hypnosefusion.com/hypnose-et-anneau-gastrique-virtuel-systeme-bagh/

Programme Loi d'Attraction (21 Jours)
https://transeattraction.wordpress.com/

Programme Sommeil (7 Jours)
https://hypnosefusion.com/hypnose-et-sommeil/

Programme Hypnogrossesse (21 Jours)
https://hypnosefusion.com/hypnose-et-grossesse/

Programme Smartbrain Process (120 Jours)
https://hypnosefusion.com/coaching-et-smartbrain-process/

Boite à Outils :
Je vous ai mis en ligne une petite boite à outils sur le site
: https://hno-hypnose.com/boites-a-outils-et-partages/

www.ingramcontent.com/pod-product-compliance
Lightning Source LLC
Chambersburg PA
CBHW060222290526
45789CB00003B/1372